어린이를 위한

쇼펜하우어의 인생 수업

어린이를 위한 쇼펜하우어의 인생 수업

1판 1쇄 인쇄 2025년 7월 25일
1판 1쇄 발행 2025년 8월 5일

글쓴이 김지연 **그린이** 유영근
발행인 오영진 김진갑 **발행처** 제제의숲 **기획편집** 이희자
디자인 안경희 **마케팅** 박시현 박준서 김승겸 김수연 박가영

출판등록 2013년 1월 25일 제2013-000028호
주소 서울시 마포구 월드컵북로5가길 12 서교빌딩 2층
원고 투고 및 독자 문의 midnightinzeze@naver.com
전화 02-332-7706 **팩스** 02-332-7741
블로그 blog.naver.com/midnightbookstore
페이스북 www.facebook.com/tornadobook

ISBN 979-11-5873-333-9 (73190)

제제의숲은 ㈜심야책방의 자회사입니다.
이 책은 저작권법에 따라 보호를 받는 저작물이므로 무단전재와 무단복제를 금하며,
이 책 내용의 전부 또는 일부를 사용하려면 반드시 저작권자와 제제의숲의 서면 동의를 받아야 합니다.

잘못되거나 파손된 책은 구입하신 서점에서 교환해 드립니다.
맞춤법과 띄어쓰기는 국립국어원의 기준에 따랐습니다.
책 모서리가 날카로워 다칠 수 있으니 사람을 향해 던지거나 떨어뜨리지 마십시오.
종이에 베이지 않게 주의하세요. 책값은 뒤표지에 있습니다.

어린이를 위한

쇼펜하우어의 인생 수업

김지연 글 | 유영근 그림

제제의숲

● 머리말

어린이에게도 철학적 사고가 필요해요

'삶이란 무엇일까?'
'어떻게 살아야 할까?'

이런 질문은 어린이에게 너무 어려우니 물을 필요 없다 말하는 사람이 있을지도 모르겠어요. 어린이한테는 '수학은 어떻게 공부해야 할까?', '좋은 공부 방법이란 무엇일까?'라는 질문이 더 중요하다고 생각하는 사람도 있을 테고요.

하지만 어려워도 너무 중요한 질문이잖아요. 어렵더라도 어린이들은 어린이의 입장과 수준에서 충분히 의미 있는 답을 떠올릴 수 있다고 생각해요. 또 어려운 질문에 대한 답을 고민하는 사이에 스스로 생각하는 힘을 기를 수도 있고요.

위의 질문처럼 세계와 인간에 대한 근본적인 문제에 답을 찾는 학문을 '철학'이라 하고, 철학을 연구하는 사람들을 철학자라 불러요. 플라톤, 칸트, 헤겔, 쇼펜하우어, 니체 등이 우리에게 잘 알려진 철학자예요. 철학을 바탕으로 철학자처럼 생각하는 '철학적 사고'는 철학자만 하는 건 아니에요. 당연하다고 생각했던 사실에 의문을 갖고, 무엇이 더 옳고 그른지 스스로 생각하는 순간, 우리도 철학자가 되어 철학적 사고를 시작한 셈이지요.

이 책은 쇼펜하우어*가 쓴 《의지와 표상으로서의 세계》와 《소품과 부록》에 담긴 그의 사상 중 살아가는 데 필요한 삶의 자세와 관련된 내용을 각색해 어린이의 눈높이에 맞게 소개한 책이에요. 고난을 인정하고, 관계에 의존하지 말고, 현재에 집중하라는 쇼펜하우어의 조언은 지금 현재의 나 자신을 돌아볼 수 있게 해 준다는 점에서 의미가 있어요.

저처럼 어린이 여러분도 쇼펜하우어가 한 말을 비판적으로 보면서 삶의 본질을 더 깊이 이해하고 세상을 보는 관점을 점검해 보면 좋겠습니다.

---

*아르투어 쇼펜하우어(1788년~1860년)
독일의 철학자로, 1819년에 《의지와 표상으로서의 세계》를 출간했지만 세상의 인정을 받지 못했어요. 이후 1851년에 《소품과 부록》이라는 책을 출간했고, 이 책으로 쇼펜하우어의 이름이 널리 알려졌지요. 쇼펜하우어의 사상을 담은 책은 출간된 지 200년이 넘었어요. 그리고 그 사이 니체, 프로이트, 융, 다윈, 아인슈타인, 톨스토이 등 세계적인 거장들이 쇼펜하우어의 영향을 받았다고 알려져 있습니다.

글쓴이 **김지연**

● 차례

머리말 어린이에게도 철학적 사고가 필요해요 · 4

01장   인생을 위한 세 가지 기본 기술

1. 인간과 삶을 깊이 이해하기 · 12
   철학적 사고를 시작해 보자! · 14
2. 관점 바꾸기 · 18
   관점 바꾸기를 연습해 보자! · 20
3. 의지 다지기 · 24
   구체적인 목표를 세우자! · 26

02장   마음의 안정과 행복을 위한 일곱 가지 방법

1. 마음을 풍요롭게 만들기 · 32
   다양한 경험을 하자! · 34
2. 좋은 습관 만들기 · 38
   일정표를 활용해 습관을 만들자! · 40
3. 고난 인정하기 · 44
   회복 탄력성을 기르자! · 46
4. 밝은 사람이 되려고 애쓰기 · 50
   긍정적인 생각을 키우자! · 52
5. 관계에 의존하지 않기 · 56
   나와 대화하자! · 58

6. 타인의 시선에서 벗어나기 · 62
   타인의 시선에서 자유로워지자! · 64
7. 현재에 집중하기 · 68
   생각 멈추기를 연습하자! · 70

03장 발전과 성공을 부르는 여섯 가지 방법

1. 내 안의 위대함 찾기 · 76
   자기 효능감을 키우자! · 78
2. 선택과 집중 · 82
   몰입에 빠져 보자! · 84
3. 자신에게 정직하기 · 88
   자기 평가를 해 보자! · 90
4. 위기 관리하기 · 94
   부정적 사고 패턴을 깨자! · 96
5. 진짜 공부하기 · 100
   산책으로 집중력을 높이자! · 102
6. 자신의 능력 안에서 용기 내기 · 106
   메타 인지를 키우자! · 108

01장 인생을 위한 세 가지 기본 기술

많은 사람이 나, 쇼펜하우어를 인간과 삶을 부정적이고 비관적으로 본 철학자라고 말해요. 하지만 그런 평가를 받게 된 이유를 잘 생각해 보면, 그만큼 인간과 삶에 대한 기대와 사랑이 큰 사람이었다는 것을 알 수 있어요.
인생을 깊이 생각하고 나서 내가 얻은 깨달음이 무엇인지 궁금하지 않나요?

인간과 삶을
깊이 이해하기

관점 바꾸기

의지 다지기

쇼펜하우어가 들려주는 인생 수업

살다 보면 선택을 해야 하는 순간이 많아요. 어떤 학원을 다닐지, 숙제를 언제 할지, 친구와 싸웠을 때 어떻게 말할지……. 그런 순간에 필요한 게 바로 '철학'이에요.

철학은 엄청나게 복잡하고 어려운 게 아니라, 나 자신에게 근원적인 질문을 던지며 깊이 생각할 수 있게 하고, 인간과 삶을 더 깊이 이해할 수 있도록 돕는 학문이거든요.

가만히 생각해 보면, 사람은 쉽게 바뀌지 않고, 비슷한 실수를 반복해요. 이런 사실을 이해하고서 인정하고 나면, 실수했다고 스스로를 한심한 사람으로 여기거나 자신을 미워할 필요가 없다는 것을 알게 돼요. 이처럼 철학은 우리의 생각과 삶을 자유롭게 만들어요.

인간을 인간이 아닌 것과 구분하는 가장 명확한 요소는 '사유'일 거예요. 프랑스의 철학자 데카르트는 사유를 '의심하고, 이해하며, 긍정하고, 부정하며, 의욕하고, 의욕하지 않으며, 상상하고, 감각하는 것'이라고 정의했어요. 쉽게 말해 깊고 넓게 생각하는 일, 이것이야말로 인간이 할 수 있는 아주 중요한 일이고, 진정 사람다운 사람으로 살기 위해서 해야 하는 일이지요.

르네 데카르트

인간과 삶에 대해 생각하는 건 너무 어려운 일 아닌가요? 제가 철학자도 아니고…….

철학자라는 말은 철학을 전문으로 연구하는 사람이라는 뜻이지만, 본래 '지혜를 사랑하는 사람'이라는 말에서 유래했어요. 지혜를 사랑하며 생각하는 일이 꼭 철학자만 할 수 있는 일일까요? 인간과 삶을 생각하는 일이야말로 사람으로 끝까지 존재하기 위해 해야 할 일이고, 할 수 있어 행복한 일이에요. 🙂

인생을 위한 기본 기술 ❶
인간과 삶을 깊이 이해하기

서정이가 재민이를 놀려서 재민이가 화가 났어요.

NO ➡

장난인데 화를 내다니 이해 안 돼.

OK ➡

누구나 놀림받으면 기분이 나쁘지. 사과해야겠다.

미안해. 생각해 보니…….

　인간을 이해하려고 노력하면 갈등은 줄고, 다른 사람을 이해하는 여유로운 마음을 가질 수 있어요.

어떤 것이든 깊이 생각하면서 숨겨진 의미를 파악하려고 노력하면 좀 더 현명한 판단을 내릴 수 있어요.

 ## 철학적 사고를 시작해 보자!

질문하는 습관 기르기

 이런 생각을 해 본 적이 있나요? 그렇다면 이미 철학적으로 생각하기를 실천할 준비가 된 거예요. 철학적 사고는 질문하는 습관을 갖는 게 가장 중요하거든요.
 자신을 돌아보면서 현재 자신의 감정과 행동을 살펴보면 좀 더 핵심적인 문제를 탐구할 만한 질문을 떠올릴 수 있어요.

논리적이고 비판적으로 생각하며 판단하기

 질문이 떠올랐다면, 바로 결론을 내리기보다 신중하게 생각하면서 문제에 접근해야 해요.

주어진 상황이나 감정을 분석하고, 논리적이고 비판적으로 생각하면서 문제를 탐구해야 하지요. 다양한 가능성을 검토하고, 비교해 보는 과정도 필요해요. 그렇게 하다 보면 문제를 해결할 수 있는 판단을 내릴 수 있어요.

철학적 사고는 여러 문제를 해결하는 데 실질적인 도움이 되고, 결국에는 합리적이고 타당한 결정을 할 수 있도록 해요.

 쇼펜하우어가 들려주는 인생 수업

인간과 삶을 깊이 이해했다면, 나를 둘러싼 세계를 바라보는 방식을 변화시켜 보세요.

똑같은 경험을 해도 사람마다 반응이 달라요. 같은 음식을 먹어도 누군가는 '맛있다, 행복하다'고 표현하고 누군가는 '맛없다, 불행하다'고 표현해요. 이런 차이가 생기는 이유는 무엇일까요?

상황을 바라보는 방식이 사람마다 다르기 때문이에요. 외부에 있는 사물이나 상황이 나에게 영향을 미칠 수는 있지만 나의 생각과 감정에 직접적으로 영향을 미치는 것은 내 마음속에 있어요. 이것이 바로 '관점'이에요.

고대 그리스의 철학자 에픽테토스는 "사람을 불안하게 하는 것은 사물이 아니라 사물에 대한 견해다."라고 말했어요.

같은 환경에 있는 사람들이더라도 어떤 관점을 갖고 사느냐에 따라 각자 다른 세계에서 살아요. 어떤 사람은 절망에 빠지게 되는 일이, 다른 사람에게는 하하 웃고 넘어가는 일일 수 있어요. 이처럼 나의 행복과 삶의 방식을 결정짓는 것은 바로 내 마음속에 있답니다.

긍정적인 마음을 가지려고 노력하는데 그게 잘 안 돼요. 관점을 바꾼다는 건 어려운 일 같아요.

맞아요. 관점을 쉽게 바꿀 수 있다고 생각할 수 있지만, 실제로 관점을 바꾸는 건 어려운 일이에요. 관점은 문화, 경험, 교육 등 많은 요인이 오랜 시간 쌓여 만들어지기 때문에 한 번 만들어진 관점은 잘 바뀌지 않고, 바꾸기도 어려워요. 그래서 이미 만들어진 관점에 갇혀서 괴로워하는 사람들이 많아요. 나와 함께 20~21쪽에 나오는 관점 바꾸기 연습을 해 볼까요? 🙂

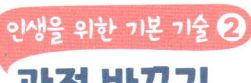

관점 바꾸기

호진이가 숙제를 다 하고 나니, 자기 전까지 한 시간이 남았어요.

어떤 관점에서 보느냐에 따라 나의 마음가짐이 달라지고, 삶을 대하는 태도도 달라져요.

진우는 축구 하는 것을 싫어하고, 호진이는 축구 하는 것을 좋아해요.

자신의 관점에서만 생각하고 말하고 있지 않나요? 관점을 바꿔서 생각하고 말하면 세상을 이해하는 폭이 넓어져요.

관점 바꾸기를 연습해 보자!

관점 바꾸기를 연습하기 전에, 자신의 관점에 변화가 필요한지 스스로 점검해 보세요. 내가 중요하다고 생각하는 것은 무엇인지, 절대 흔들리지 않는 원칙은 무엇이라고 생각하는지 떠올려 보고, 변화가 필요한 부분이 있다면 관점 바꾸기를 연습해 봐요.

정보 수집하기

나의 관점과 다른 관점을 이해하기 위해 정보를 검색해 보세요. 다른 사람의 의견이나 연구 결과를 탐구해 보면 새로운 관점이나 색다른 주장에 접근할 수 있어요. 지금보다 더 넓은 관점에서 세상을 볼 준비를 하는 거예요.

새로운 경험하기

지금까지와는 다른 선택을 하면서 새로운 경험을 해 보세요. 다양한 것을 직접 경험해 보면 여러 가지 새로운 관점이 존재한다는 것을 온몸으로 확인할 수 있어요.

열린 마음 갖기

관점을 바꾸려면 새로운 생각과 의견을 열린 마음으로 받아들이는 태도가 필요해요. 다른 사람의 의견을 듣고 토론하는 것은 생각과 관점을 발전시키는 데 도움이 돼요. 열린 마음을 갖게 되면 다양성을 인식하고 시야가 더 넓어지면서, 편견도 극복할 수 있어요.

인내심 갖고 충분한 시간 투자하기

오래된 관점과 신념은 머릿속에 깊이 뿌리박고 있기 때문에 새로운 생각이나 관점을 받아들이기가 매우 어려워요. 충분한 시간과 인내심이 필요한 일이지요. 조급해하지 말고 천천히 노력해 보세요.

쇼펜하우어가 들려주는 인생 수업

나의 철학의 중심에는 '의지'가 있어요. 의지는 모든 존재가 가지고 있는 힘이지요. 의지가 무엇인지 쉽게 설명하기 위해 예를 들어 볼게요.

'공부를 왜 해야 하는 걸까?'

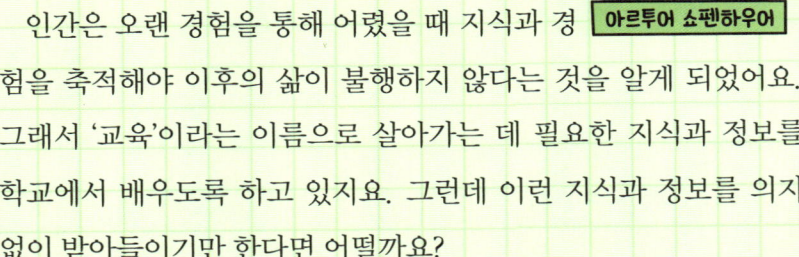

아르투어 쇼펜하우어

인간은 오랜 경험을 통해 어렸을 때 지식과 경험을 축적해야 이후의 삶이 불행하지 않다는 것을 알게 되었어요. 그래서 '교육'이라는 이름으로 살아가는 데 필요한 지식과 정보를 학교에서 배우도록 하고 있지요. 그런데 이런 지식과 정보를 의지 없이 받아들이기만 한다면 어떨까요?

공부를 하고 싶지는 않지만 억지로 어쩔 수 없이 한다는 마음이 들 테고, 그런 태도가 습관처럼 굳어질 수 있어요. 다른 선택을 할 때도 내 의지보다는 다른 사람이 시키는 대로, 또는 다른 사람이 하는 대로 따라 살게 될 거예요. 다른 사람의 의도와 경험에 내가 휘둘리게 되는 것이죠.

반면 자신의 의지로 교육을 받아들이려고 스스로 노력하면, 공부를 할 때도 적극적이고 주도적으로 할 수 있어요. 나아가 내가 선택하고 이끄는 삶을 살 수 있지요.

저처럼 의지가 약한 사람도 의지를 강하게 만들 수 있을까요?

의지가 강해 보이는 사람과 의지가 약해 보이는 사람이 있어요. 그 차이가 무엇일까요?

오스트리아의 정신과 의사이자, 정신 분석학의 창시자인 프로이트는 '인간은 이성적 존재가 아니라 무의식에 휘둘리는 비합리적 존재'라고 말했어요. 프로이트의 말대로라면 우리는 의지를 갖고 행동한다기보다 몸이 시키는 대로 행동하는 셈이지요. 단순히 의지를 강하게 만들고 싶다는 생각만으로 의지를 바꾸기는 어려워요. 무의식적으로 행동하는 습관이 바뀌도록 꾸준히 노력해야 의지를 바꿀 수 있지요. 결국 습관을 바꿔야만 자신이 처한 환경을 통제하고 일상을 바꿀 수 있답니다. 🙂

인생을 위한 기본 기술 ❸
의지 다지기

수미는 줄넘기 시험에서 좋은 점수를 받고 싶어요. 그래서 일주일 동안 학교 가기 전에 줄넘기 연습을 해야겠다고 생각했어요.

의지를 다지고 싶다면, 구체적인 목표와 실천 방법을 고민해서 굳어진 습관을 새롭게 바꿔 보세요.

수미는 수학이 점점 어렵다고 느껴졌어요. 실제로 수학 시험에서도 점수가 지난번보다 떨어졌어요.

행동과 습관을 변화시켜 의지를 다지면 삶도 긍정적으로 변해요.

구체적인 목표를 세우자!

의지를 다지려면 구체적인 목표가 있어야 해요. 목표는 어떻게 할지에 대한 방향을 제시하고, 해야 한다는 동기를 부여할 뿐만 아니라, 진행 상황을 측정하고, 우선순위를 정하는 데 도움을 줘요.

목표를 정하는 방법 중 가장 널리 알려진 방법이 'SMART 목표 설정법'이에요.

SMART 목표 설정법

★ **목표: 다이어트하기 / 수학 성적 올리기**

● **Specific(구체적)**: 목표는 명확하고 구체적이어야 해요.
예) 줄넘기하기 ➡ 매일 30분 줄넘기하기
/ 수학 공부하기 ➡ 매일 30분 수학 공부하기

● **Measurable(측정 가능한)**: 진행 상황을 측정할 수 있어야 해요.
예) 다이어트하기 ➡ 하루에 줄넘기 100개씩 하기
/ 수학 공부하기 ➡ 매일 수학 문제집 세 장씩 풀기

● **Achievable(달성 가능한)**: 현실적으로 달성 가능하고 이룰 수 있는 목표여야 해요.
예) 한 달 안에 몸무게 10킬로그램 빼기 ➡ 일주일에 몸무게 200그램 빼기
/ 한 달 안에 수학 문제집 다섯 권 풀기 ➡ 한 달 안에 수학 문제집 한 권 풀기

- **Relevant(관련성 있는)**: 자신이 원하는 방향, 자신의 장기적인 목표와 연관되어야 해요.
  예) 다이어트하기 ➜ 유산소 운동인 줄넘기가 익숙해지면 근력 운동인 윗몸 일으키기도 같이하기
  / 수학 1등하기 ➜ 수학 점수 10점 올리기
- **Time-bound(기한이 정해진)**: 명확한 시간제한, 목표 달성 기한이 있어야 해요.
  예) 다이어트하기 ➜ 개학하기 전까지 몸무게 4킬로그램 빼기
  / 수학 1등 하기 ➜ 2학기 때 수학 1등 하기

SMART 목표 설정법을 참고해 나의 목표를 구체화시켜 보세요.

Specific 구체적인 목표	
Measurable 측정 가능한 목표	
Achievable 달성 가능한 목표	
Relevant 관련성 있는 목표	
Time-bound 기한이 정해진 목표	

02장 마음의 안정과 행복을 위한 일곱 가지 방법

현재 나의 삶이 행복하지 않고 불만족스럽다면 오른쪽에 있는 일곱 개 항목을 체크해 보면 좋겠어요. 불행과 고난을 줄일 수 있는 방법이지요.

현실을 있는 그대로 보면, 삶은 원래 고통과 고난이 많다는 걸 알 수 있어요. 산다는 건 힘들고 어려운 일이에요. 그 사실을 인정하면, 우리가 행복해지는 방법은 더 행복해지려고 노력하는 데 있는 게 아니라, 불행과 고난을 줄이려고 노력하는 데 있다는 걸 알게 될 거예요.

- ✅ 마음을 풍요롭게 만들기
- ✅ 좋은 습관 만들기
- ✅ 고난 인정하기
- ✅ 밝은 사람이 되려고 애쓰기
- ✅ 관계에 의존하지 않기
- ✅ 타인의 시선에서 벗어나기
- ✅ 현재에 집중하기

쇼펜하우어가 들려주는 인생 수업

혼자 있으면 심심하고 무료하다는 생각이 드나요? 이런 생각은 우리의 행복을 가로막는 원인 중 하나예요.

로마 제국 시대의 사상가이자 정치가였던 세네카는 "어리석은 자는 모두 자기 자신에 대한 권태(어떤 일이나 관계 등에 흥미를 잃고 싫증을 느끼는 것)에 시달린다."라고 말했어요.

심심하다는 생각이 드는 건 우리의 정신과 내면이 텅 비어 있다는 의미예요. 이런

루키우스 안나이우스 세네카

기분일 때는 외적인 자극을 원하게 돼요. 그래서 친구들을 만나 무의미한 대화를 하거나 형편없는 일을 하면서 시간을 때우게 되지요. 오락이나 게임에 빠지기도 쉽고요. 쓸모없는 물건을 사면서 소비에 빠지는 것도 같은 이유예요.

평범한 사람은 시간을 어떻게 보낼지를 생각하며 시간을 보내지만, 재능 있는 사람은 마음을 풍요롭게 만들면서 시간을 보내요. 마음을 풍요롭게 만들면서 시간을 보내는 방법은 다양한 경험을 하면서 풍부한 감정을 느끼는 거예요. 이렇게 마음이 풍요로워지면 공허함이나 무료함은 줄고 자신이 성장하고 새로워지는 기쁨을 얻을 수 있어요.

다양한 경험을 하고 싶은데, 실제로는 학교 다니고, 학원 다니고, 숙제하고……. 매일이 똑같아요.

다양한 경험을 하기 위해 시간과 돈이 꼭 필요한 건 아니에요. 늘 해오던 비슷한 생각과 선택에 살짝 변화를 주는 것만으로도 다양한 경험을 할 수 있으니까요. 예를 들면, 늘 걸어 다니던 길이 아닌 다른 길로 가 보는 것처럼 말이에요. 또 독서는 많은 시간과 돈을 쓰지 않고도 다양한 경험을 간접적으로 체험하기에 아주 좋은 방법이지요. 🙂

마음을 풍요롭게 만들기

지선이네 반 담임 선생님이 학교에서 방과 후에 바이올린 수업이 있다고 안내해 주셨어요.

지금까지 해 본 적 없는 새로운 경험은 마음도 풍요롭게 만들지만, 삶에 활력을 불어넣기도 해요.

짧은 시간도 마음을 풍요롭게 만들기에 부족하지 않아요. 또 마음을 풍요롭게 만드는 데 독서만큼 간단하고 확실한 방법도 없어요.

다양한 경험을 하자!

다양한 경험은 마음을 풍요롭게 만들기도 하지만 우리의 뇌를 자극해 창의성과 문제 해결력을 키우는 데에도 꼭 필요해요. 다양한 경험을 할 수 있는 방법을 알아볼까요?

여행하기

여행은 다양한 경험을 할 수 있는 가장 좋은 방법이에요. 익숙하지 않은 장소에서 평소 먹던 음식과 다른 음식을 먹으며 낯선 문화를 접할 수 있기 때문에 뇌에 신선한 자극이 돼요.

새로운 취미 만들기

자신이 좋아하는 일이나 집중할 만한 취미를 만들어 꾸준히 실천해 보세요. 새롭고 다양한 경험을 할 수 있는 좋은 기회가 생기고, 취미 활동을 하면서 행복한 감정도 느낄 수 있어요.

토론하기

토론을 하면 다른 사람의 의견을 들으면서 다른 사람의 시각을 엿볼 수 있어요. 또 내 의견에 대한 지적이나 비판을 들으며 내 생각을 정리할 수 있는 좋은 방법이에요.

쇼펜하우어가 들려주는 인생 수업

　습관은 무의식적이고 반복적으로 하는 생각이나 행동을 말해요. 습관 중에는 좋은 습관도 있고, 나쁜 습관도 있어요. 매일 한 시간씩 책을 읽는다면 좋은 습관이지만, 매일 밤 라면을 끓여 먹는다면 좋은 습관이라고 할 수 없지요.

　좋은 습관은 마음이 행복하고 건강한 생활을 하기 위해 필요하지만, 좋은 습관을 기르는 것은 참 어려운 일이에요. 참고 견디는 인내가 필요하기 때문이에요. 그렇다고 해서 좋은 습관을 기르기 위해 무조건 참고 견뎌야 하는 건 아니에요. 내 몸과 마음이 견딜 수 있는 범위를 알고, 그 범위 안에서 유지하는 게 진정한 인내라고 할 수 있지요. 그러려면 내 몸과 마음이 불쾌해지지 않는 기준을 스스로 알아야 해요.

　독일의 음악가 베토벤은 매일 가계부를 썼다고 해요. 가계부에는 계산을 틀려 다시 계산한 흔적도 남아 있대요. 계산에는 서툴렀지만, 귀족의 후원 없이 사는 음악가로서 스스로 살림을 꾸리기 위해 꾸준히 가계부를 쓴 것이지요. 이처럼 내가 할 수 있는 수준의 범

루트비히 판 베토벤

위 안에서 꾸준함을 유지한다면 처음에는 하기 힘들고 지키기 어려웠던 습관도 익숙해지고, 그 익숙함이 나만의 고유한 재능으로 인정받는 날도 올 거예요.

왜 좋은 습관은 만들기 어렵고, 나쁜 습관은 만들기 쉬울까요? 참 이상해요.

그건 인간이 약한 존재이기 때문이에요. 그 점을 인정해야만 해요. 우리는 유혹에 빠지기 쉽고, 나쁜 습관을 쉽게 합리화하니까요.
그리고 좋은 습관, 나쁜 습관을 명확하게 구분하기가 어렵기도 해요. 하지만 그 습관을 가진 본인은 그 습관이 자신에게 좋은지, 나쁜지 잘 구별할 수 있을 거예요. 😊

마음 행복 습관 ❷
좋은 습관 만들기

찬혁이는 내일 수업 시간에 필요한 준비물이 잠자리에 들기 전에야 떠올랐어요.

NO
- 졸리니까 자야지.
- 준비물은 내일 챙기자.
- 늦었어! 빨리빨리!

OK
- 빠뜨리면 안 되니까 미리 챙기자.
- 여유 있게 출발!

　자신이 해야 할 일과 신경 써야 할 일을 스스로 챙기는 습관은 마음의 조급함을 줄여요. 마음이 여유로우면 일상도 여유로워지고 삶이 훨씬 행복해지지요.

선아는 아침에 일찍 일어나는 습관을 만들기 위해 '매일 아침 6시에 일어난다'는 계획을 세웠어요.

다른 사람이 말하는 좋은 습관도 자신에게 무리가 되거나 자신의 성향과 맞지 않는다면 좋은 습관이라고 할 수 없어요. 내 몸과 마음에 도움이 되는 좋은 습관을 스스로 구별할 줄 알아야 해요.

# 일정표를 활용해 습관을 만들자!

많은 사람이 시간을 효과적으로 쓰기 위해, 일정을 효율적으로 관리하기 위해 일정표를 활용해요. 일정표를 활용하면 습관을 기르고 의지를 다지는 데에 도움이 돼요. 아직 일정표를 사용해 본 적이 없다면, 다음 방법을 읽어 보고 활용해 보세요.

 일정표 작성 방법

1. 휴대하기 좋은 수첩 준비하기
2. 날짜를 적고, 하루 동안 해야 할 일을 생각나는 대로 적기
3. 하루 동안 내가 활용할 수 있는 시간 계산하기
4. 적은 일들을 중요한 것과 덜 중요한 것으로 분류하기 또는 순서 매기기

	월요일	화요일	수요일
월	☐ 8시 기상 아침 식사 ☐ 8시 50분 등교	☐ ☐ 1시 40분 하교	☐ ☐
화			
수			
목	☐	☐ 2시 간식 숙제	☐
금	☐	☐	☐ 6시 저녁 식사 준비물 챙기기
토			
일	☐	☐	☐

일정표 작성을 마쳤다면, 잠시 머릿속으로 오늘 할 일을 다시 한 번 정리한 다음, 실천에 옮기면 돼요.

일정표는 처음부터 완벽하게 계획하고 실천하기 위해서 적는 게 아니니, 계획을 다 실천하지 못했다고 부담을 느낄 필요가 없어요. 오늘 하려고 계획했지만 못 하고 뒤로 밀린 일이 있다면 언제 할지 다시 계획을 세우면 돼요.

일정표 활용의 가장 마지막 단계는 오늘 세운 계획을 스스로 평가하고 점검하는 일이에요. 오늘 세운 계획대로 실천했는데 시간이 부족하거나 남았다면 그 이유가 무엇일지 생각해 보고, 다음에는 어떻게 계획을 세울지를 스스로 정해 보세요.

쇼펜하우어가 들려주는 인생 수업

불행이나 고난이 없는 사람이 있을까요?

중국 춘추 전국 시대의 혼란을 통일하고 진나라를 세운 시황제는 막강한 권력을 얻자, 늙지도 않고 죽지도 않는 삶을 살고 싶었어요. 그래서 신하들에게 '늙지 않게 만드는 약초'인 '불로초'를 찾아오라고 했지요. 부와 권력에 집착해 인간이라면 누구나 한 번은 겪는 죽음을 인정하지 않았던 거예요.

진시황제

불행이나 고난을 일부러 겪고 싶은 사람은 없을 거예요. 불행이나 고난을 겪고 나면 사람이 위축되고 잘하던 일도 제대로 하지 못하게 되기 마련이지요. 심하면 이 상황이 반복되는 슬럼프에 빠지기도 하고요.

하지만 우리는 살아가면서 불행이나 고난을 피할 수 없고, 또 의지와는 상관없이 맞닥뜨리게 돼요. 이때 우리가 할 수 있는 선택은 불행과 고난을 깔끔하게 인정하고 휘둘리지 않는 거예요. 불행과 고난을 겪으면서 느끼는 실망, 낙담하는 마음으로부터 빨리 자유로워지는 것이지요. 불행이나 고난에 얽매이지 말고, 그 상황에서 회복하거나 극복한 뒤에 앞으로 나아가는 것이 우리에게 훨씬 좋은 선택이에요.

고난에 휘둘리지 않는다는 게 어떤 의미죠?

'휘둘리다'라는 것은 주변 상황이나 감정에 굴복하거나 지배당한다는 뜻이에요. 불행이나 고난에서 벗어나지 못하는 상태에 빠졌을 때를 '고난에 휘둘린다'고 표현한 거예요. 고난에 휘둘리지 않기 위해서는 현재의 상황을 객관적으로 바라보고, 올바르게 판단하는 현명한 시각이 필요해요. 힘들 때는 쉬어도 좋지만, 너무 오래 자책하거나 괴로워하지 말아야 해요. 실패를 발판 삼아서 다시 시작하는 것만큼 좋은 태도는 없으니까요. 🙂

마음 행복 습관 ❸
고난 인정하기

학년이 올라가면서 반이 바뀌었어요. 주변을 둘러보니 정우와 친한 친구가 한 명도 없어요.

NO →
- 다들 친해 보이는데, 왜 나만……
- 나만 왜 이렇게 재수가 없을까?

OK →
- 다들 친해 보이네. 뭐, 어쩔 수 없지.
- 올해는 새로운 친구를 사귀려고 노력해 봐야겠다.

　누구나 예상치 못한 때에 불행과 고난을 겪어요. 이럴 때 빨리 행복해질 수 있는 방법은 가능한 빨리 고난을 인정하고 어떻게 극복할지를 정하는 거예요.

정우는 전교 회장 선거에 나가고 싶어요. 그런데 작년에 전교 부회장 선거에서 떨어진 적이 있어서 고민이 돼요.

고난에 얽매이고 휘둘리기보다 고난을 인정하고 극복하려는 마음가짐이 우리의 정신을 더 건강하게 만들고, 우리를 더 행복하게 만들어요.

회복 탄력성을 기르자!

고난과 실패의 상황에서 어려움을 빠르게 회복하고, 실패를 발판 삼아 더 크게 도약하는 사람을 '회복 탄력성이 좋다'고 표현해요. 회복 탄력성은 훈련을 통해 누구나 계발하고 강화할 수 있어요.

긍정적인 마음 만들기

평소에 실수, 실패, 고난을 겪으며 배우고 성장할 수 있다고 생각하는 긍정적인 마음을 가져요.

문제를 논리적으로 분석하기

문제의 원인과 결과를 논리적으로 분석하고 파악하려는 태도를 가지면 효과적인 대처 방법을 빨리 찾을 수 있어요.

스트레스 관리하기

부정적인 감정과 스트레스가 느껴질 때에는 운동, 명상, 호흡 등의 방법으로 완화시킬 수 있어요.

감정 표현하기

자신의 감정이 어떠한지 인식하고 적절하게 표현하는 게 좋아요. 이런 식으로 감정을 해소하면 나쁜 감정을 빨리 떨칠 수 있어요.

유연하게 생각하기

계획은 어긋날 수 있고, 상황도 달라질 수 있어요. 이런 변화와 불확실성을 받아들이려고 노력해 보세요. 유연하게 생각하면서 다음 대처를 하면 이후의 계획은 쉽게 세울 수 있다는 걸 알게 돼요.

 쇼펜하우어가 들려주는 인생 수업

여러분은 낙관적인 사람인가요, 비관적인 사람인가요?

미래를 밝고 희망적으로 보는 것을 '낙관적'이라 하고, 반대로 미래를 어둡고 절망적으로 보는 것을 '비관적'이라고 해요.

어떤 사건의 결과를 예측할 수 없을 때, 낙관적인 사람은 밝고 긍정적으로 생각하려 노력하지만, 비관적인 사람은 최악의 경우를 생각하면서 몹시 괴로워해요. 행복한 상황을 마주해도 비관적인 사람은 기뻐할 줄 모르지요.

어떤 태도로 사는 게 나에게 더 좋을까요?

고대 그리스의 철학자 아리스토텔레스는 "행복은 스스로 만족하는 사람의 것이다."라고 말했어요. 행복은 자신의 내부에서 나온다는 진리를 아리스토텔레스의 말에서도 알 수 있지요.

아리스토텔레스

실패의 상황에서도 밝은 사람이 되려고 애써 보세요. 스스로 자신을 위로하고 유쾌한 기분을 누릴 줄 아는 사람이 더 행복하고, 행복한 일을 더 자주 마주할 수 있게 된답니다.

잘못을 저지르거나 시험을 못 보면 부정적인 생각부터 떠올라요.

원래 긍정적이고 낙관적인 사람은 긍정적으로 생각하는 게 어렵지 않겠지만, 부정적이고 비관적으로 생각하던 사람이 생각을 바로 바꾸기는 쉽지 않을 거예요.

이럴 때는 부정적인 생각이 떠올라 자리 잡지 못하도록 생각을 멈추고, 긍정적인 생각을 할 수 있었던 경험들을 적극적으로 해 보면서 집중해 보세요. 부정적인 생각을 멈추는 데 효과가 있을 거예요. 🙂

마음 행복 습관 ❹
밝은 사람이 되려고 애쓰기

서진이는 열심히 공부해야겠다고 다짐하고 혼자서 문제집을 풀었어요.

어둡고 부정적인 상황에서 비관적으로 생각하기보다 긍정적으로 생각하려는 태도는 나를 더 매력적인 사람으로 만들어요.

사회 시간에 팀을 나눠 토론을 하기로 했어요. 서진이는 토론을 잘하는 지율이와 팀을 하고 싶었는데, 지율이와 다른 팀이 되었어요.

NO

우리 팀이 불리해.

해보나 마나야.

이번 토론은 어차피 질 테니 대충 할래.

OK

우리 팀이 불리해 보이지만…….

그래도 열심히 최선을 다해야지.

  결과를 예측할 수 없는 상황에서도 비관적인 생각부터 떠올리는 사람이 있어요. 비관적인 생각을 가지고 임하는데 긍정적인 결과가 나올 수 있을까요?

2장 마음의 안정과 행복을 위한 일곱 가지 방법 51

긍정적인 생각을 키우자!

느껴지지 않지만 우리가 하는 생각은 우리의 몸과 마음에 영향을 미쳐요. 긍정적이고 낙관적인 생각이 병의 증세를 나아지게 한다는 '플라세보 효과'는 이미 잘 알려져 있어요. 부정적이고 비관적인 생각이 '우울증'이라는 병을 일으킨다는 것도 잘 알려진 사실이고요.

한 번 부정적인 생각과 감정에 사로잡히고 나면 생각이나 감정을 바꾸기 어려워요. 부정적이고 비관적인 생각에 빠져들지 않도록 긍정적인 생각을 키우는 방법을 실천해 보세요.

자신을 칭찬하기

스스로 비하하거나 자책하지 말고, 자신이 잘한 일, 자신의 장점을 찾아서 칭찬해 보세요. 자신을 칭찬하면서 사랑하는 마음을 기르면 자신감도 커져요.

감사하는 마음 갖기

불평, 불만을 떠올리기 전에 감사할 일을 먼저 떠올려 보세요. 감사하는 마음은 긍정적인 생각을 키우는 데 중요한 역할을 해요.

주변 정리하기

깨끗하고 정돈된 환경은 생각을 긍정적인 상태로 유지하는 데 영향을 미쳐요. 주기적으로 청소하고 정리하면서 생각을 환기해 보세요.

규칙적인 생활하기

규칙적인 운동, 규칙적이고 건강한 식습관, 충분한 수면은 우리 몸을 건강하게 만들어요. 건강한 몸은 긍정적인 생각을 유지하는 데 필수예요.

쇼펜하우어가 들려주는 인생 수업

　혼자 있으면 두려워하고 불안해하는 사람들이 있어요. 이런 사람들은 다른 사람을 의지하려 하고, 즐거움도 밖에서 찾으려고 해요. 하지만 다른 사람 혹은 바깥에서 얻는 즐거움이나 행복은 불확실하고 신뢰할 수 없어요. 또 오랫동안 지속되지도 않고요. 즐거움과 행복을 바깥이 아닌 자기 자신에게서 발견한다면 우리는 더 행복해질 수 있어요.

　아일랜드의 소설가이자 극작가였던 올리버 골드스미스는 "우리 자신의 행복을 얻고 누리는 일은 언제나 우리 자신에게 맡겨져 있다."라고 말했어요.

　우리는 자신을 돌아보면서 자신을 더 깊이 알아 가야 해요. 혼자 있는 시간을 가지며 자신을 만나고, 스스로 생각하는 힘을 키워야 해요.

올리버 골드스미스

　내면을 충분히 채우면 자신을 지키는 데 다른 사람이나 외부의 도움이 크게 필요하지 않아요. 혼자서 즐거움과 행복을 충분히 찾을 수 있답니다.

요즘은 다른 사람과 좋은 관계를 맺는 일이 더 중요하지 않나요?

관계에 의존하지 않는다는 게 다른 사람과 관계 맺는 걸 소홀히 한다거나 관계 맺지 말아야 한다는 의미는 아니에요. 다른 사람과의 관계보다 자신과의 관계에 집중해야 한다는 의미이지요. 자신과의 관계에 집중하면서 불필요한 고민이나 괴로움을 불러일으키는 관계는 단순화시키는 게 좋아요. 🙂

마음 행복 습관 ❺
관계에 의존하지 않기

주말 오후, 가족들은 외출하고 친구들과도 약속 없이 오랜만에 혼자 집에 있던 재인이는 심심함을 느꼈어요.

NO ➡ 혼자서 뭐 하지? 할 게 없어.

➡ 심심해. 같이 놀 친구 없나?

OK ➡ 혼자 있으니까 내가 좋아하는 그림을 그려 볼까?

➡ 재미있다. 혼자 있으니 집중이 더 잘되는 것 같아.

    나에게 집중하지 않고 다른 사람과의 관계에만 집중하면 진짜 내 인생을 살기 어려워요. 또 자기 자신과 잘 놀면서 자신과 관계 맺기를 잘하는 사람은 다른 사람과 관계 맺기도 잘할 수 있어요.

다른 사람에게 의지해야 할 때도 있지만, 항상 의지하려고만 하면 스스로 성장할 수 없어요. 독립적인 인간으로 성장해야 내면도 더 성숙해져요.

나와 대화하자!

나 자신과 대화를 하자고 하면 "이상하다, 제정신이 아닌 사람처럼 보일 거 같다."라고 이야기하는 사람들이 있어요. 그런데 생각해 보면, 어떤 문제가 생겼을 때 내가 나에게 묻고 스스로 대답한 적 있지 않나요? 소리 내서 말하기도 하지만 속으로 나 자신과 대화하기도 하잖아요.

나와의 대화를 솔직하게 잘할 수 있어야 단단한 마음을 가진 사람이 될 수 있어요.

일기 쓰기는 나와 대화하는 가장 좋은 방법이에요. 조용한 곳에서 침묵하며 내 감정을 들여다보고 솔직한 마음을 적어 보는 거예요.

나는 내게 어떤 말을 많이 하는 사람인가요?

내가 무심코 하는 말을 듣는 사람은 바로 나 자신이에요. 나를 칭찬하고 격려하고 응원하는 대화를 많이 나누면 삶이 더 행복해질 수 있어요.

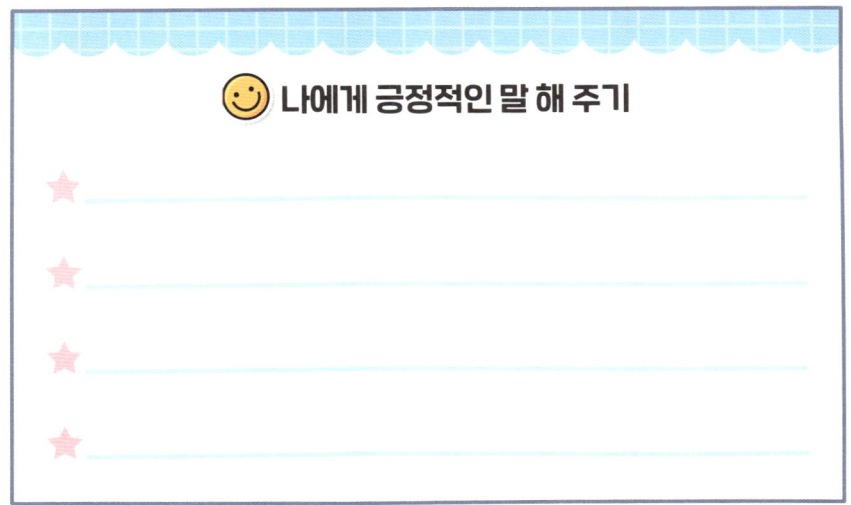

쇼펜하우어가 들려주는 인생 수업

　다른 사람에게 칭찬을 받으면 기분이 좋고, 비난을 받으면 기분이 안 좋아요. 누구나 그럴 거예요. 하지만 그렇다고 해서 다른 사람에게 어떻게 해야 칭찬받을 수 있을지를 늘 신경 쓰면서 다른 사람의 시선을 의식하며 살아야 할까요?

　다른 사람에게 내가 어떻게 보일지, 다른 사람이 나의 행동을 어떻게 생각할지만을 신경 쓰는 사람들이 많아요. 다른 사람의 시선으로부터 벗어나지 못해 자유롭게 행동하지 못하는 거예요.

　하지만 잘 생각해 보면, 다른 사람의 평가가 나의 마음과 행복에 별로 중요하지 않다는 사실을 알 수 있어요. 오히려 나의 마음과 행복에 부정적인 영향을 미치지요. 다른 사람이 뭐라고 할지를 신경 쓰는 사이 내 마음의 안정과 자유에는 소홀해지니까요.

　다른 사람이 하는 칭찬이나 상처 되는 말에 민감하게 반응하지 않는 게 더 현명해요. 나의 마음의 안정과 행복은 내 안에서 찾아야 해요.

친구들과 싸우고 나면 친구들이 나에 대해 어떤 이야기를 할지 상상이 돼서 괴로워요.

인간의 상상력은 문화와 문명을 발전시키는 중요한 역할을 하지만, 때때로 우리를 힘들게 해요. 부정적인 생각이 떠오를 때 상상력은 현실보다 더 끔찍하게 현실을 그려 내기도 하고요. 이런 어두운 환상에 휩쓸리지 말고 현실을 있는 그대로 냉정하게 봐야 해요. 친구들이 어떤 말과 행동을 하는지 나는 알 수 없으니 어떤 상상을 해도 사실과 달라요. 또 친구들이 하는 말과 행동은 나 자신보다 중요하지 않다는 것도 기억하고요. 🙂

마음 행복 습관 ❻
타인의 시선에서 벗어나기

지훈이는 분홍색을 좋아해요. 하지만 친구들이 놀릴까 봐 분홍색을 좋아하는 걸 숨기고 있어요.

다른 사람에게 어떻게 보일지를 신경 쓰느라 나의 행복을 놓치지 마세요.

과학 시간에 지훈이는 선생님의 설명이 잘 이해되지 않았어요.
그때 과학 선생님이 말했어요.

다른 사람이 나를 어떻게 생각하는지는 사실 그렇게 중요하지 않아요. 내 행동이 다른 사람에게 피해를 입히는 게 아니라면 나의 자유를 우선시해도 좋아요.

타인의 시선에서 자유로워지자!

다른 사람에게 사랑받거나 인정받는 게 싫은 사람은 없을 거예요. 그렇다고 사랑받고 인정받기 위해 내가 하고 싶은 말과 행동을 참고, 다른 사람의 생각에 나를 맞춰야 할까요?

다른 사람의 삶이 아니라 나의 삶을 살고 싶다면, 끌려가는 삶이 아니라 내가 주도하는 삶을 살고 싶다면 다른 사람의 시선에서 벗어나야 해요.

소셜 미디어(SNS) 사용 줄이기

소셜 미디어를 보다 보면 자연스럽게 다른 사람과 자신을 비교하게 돼요. 그리고 다른 사람에게 내가 어떻게 보일지를 신경 쓰게 되지요. 행복과 자존감을 지키고 싶다면, 소셜 미디어 사용을 줄여야 해요.

나에게 중요한 가치 찾기

다른 사람의 시선에서 자유로워지려면 자기 자신에 대해 잘 알고 있어야 해요. 내가 가장 행복할 때는 언제이고, 내가 어떤 행동을 하거나 결정을 내릴 때 무엇을 가장 중요하게 생각하는지를 떠올려 보세요. 그것이 내가 중요하게 생각하는 가치랍니다.

😀 **나에게 중요한 가치는…**
가치의 예) 정직, 자유, 행복 등

⭐ _____
⭐ _____
⭐ _____
⭐ _____
⭐ _____
⭐ _____
⭐ _____
⭐ _____

쇼펜하우어가 들려주는 인생 수업

'그때 그렇게 행동하지 않았더라면…….'

이런 생각을 하면서 과거의 일을 후회하고 자책하는 경우가 있지 않나요? 또 '내 계획대로 되지 않으면 어쩌지?' 하고 아직 일어나지 않은 미래의 일을 걱정하기도 하고요. 미래에 대한 지나친 기대와 희망이 마음의 안정과 행복을 해칠 수 있어요. 그러니 우리는 우리가 살아가는 현재에 충실해야 해요. 고대 로마의 시인 호라티우스가 남긴 '오늘을 즐기라'는 '카르페 디엠'이라는 말처럼요.

호라티우스

과거에 대한 그리움이나 후회, 미래를 위한 계획과 걱정은 모두 지금 내가 어떻게 할 수 있는 것이 아니에요. 과거는 우리의 기억과 다르고, 미래는 우리가 예상하는 것과 다르게 나타나요. 과거와 미래 모두 우리의 생각과 달리 내가 할 수 있는 일이 그다지 많지 않아요. 하지만 현재는 확실하게 지금 내가 어떻게 할 수 있는 유일한 것이고, 우리는 현재에 존재하지요.

현재를 항상 즐거운 마음으로 받아들이며 현재의 자유로운 시간을 즐겨야 해요. 오늘은 단 한 번뿐이고 다시는 찾아오지 않는다는 사실을 항상 기억해야 해요.

계속 떠오르는 생각을 어떻게 멈출 수 있죠?

걱정이나 불안이 일어나는 생각은 나에게 스트레스만 줄 뿐 문제 해결이나 정서적 안정에는 도움이 되지 않아요. 이런 생각은 빨리 멈추는 게 좋은데, 의도적으로 생각을 멈추려고 노력해야 해요. 생각이 멈추지 않고 계속 떠오른다면 연습을 해야 해요. 70~71쪽에서 함께 연습해 봐요. 😊

마음 행복 습관 ❼
현재에 집중하기

3월이 되면서 반도 바뀌고, 담임 선생님도 바뀌었어요. 효진이는 새로운 환경에 적응해야 해요.

과거에 대한 후회나 그리움 때문에 현재에 집중하지 못한다면 현재의 행복을 놓치게 돼요.

효진이 엄마가 갑자기 편찮으셔서
내일 병원에 진료를 보러 가기로 했어요.

걱정은 불안을 키우고 행복을 멀어지게 해요. 미래를 걱정하며 불안해하기보다 현재 할 수 있는 일을 하며 마음의 안정을 찾아야 현명하게 대처할 수 있어요.

생각 멈추기를 연습하자!

걱정이나 불안을 일으키는 생각을 많이 하고 있나요? 현실에서 일어나지 않을 만한 일, 이미 일어난 일, 내 힘으로는 어쩔 수 없는 일, 이런 일들을 생각하며 시간을 보내면 정작 중요한 현재에는 집중할 수 없어요. 또 부정적인 생각은 내게 스트레스를 주고 몸과 마음에 해를 끼치지요.

너무 많은 생각, 부정적인 생각은 멈추는 게 좋아요. 생각 멈추기를 연습하면서 지금, 여기에 집중하는 연습을 해 봐요.

걱정 정리하기

지금 나를 가장 힘들게 하는 걱정거리가 무엇인지 글로 정확하게 적어 보세요.

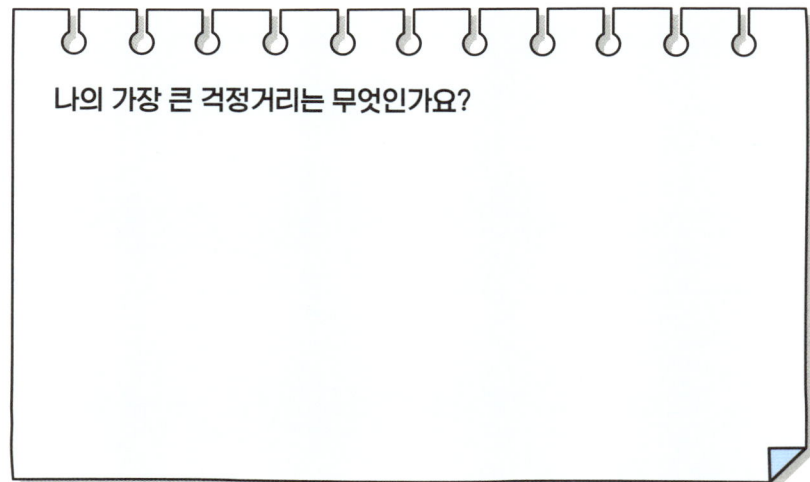

생각 멈추기 실행하기

먼저 휴대 전화 타이머를 켜고, 3분 알람을 맞춰 보세요. 3분 알람이 울릴 때까지 앞에 적은 걱정에 집중하면서 충분히 상상해 보세요.

타이머가 울리면 "그만!"이라고 외치면서 생각을 완전히 멈추는 거예요. 그리고 잠시 눈을 감고 마음을 비워 보세요.

생각이 멈추지 않고 떠오를 때마다 생각 멈추기를 반복해 보세요. 점차 목소리를 낮추면서 자신에게 속삭이거나 속으로 '그만!' 하고 외치면 생각을 멈출 수 있게 될 거예요.

03장 발전과 성공을 부르는 여섯 가지 방법

다른 사람들에게 인정받아야 성공한 삶이라 할 수 있을까요? 나는 살아 있는 동안에는 철학자로서 크게 인정받지 못했지만, 누구에게도 굴복하지 않으며 만족스러운 삶을 살았어요.

나에게 집중하며 스스로 자긍심을 찾는 삶. 인생의 즐거움을 스스로 찾을 수 있다면 그게 바로 성공한 삶이지요.

* 내 안의 위대함 찾기
* 선택과 집중
* 자신에게 정직하기
* 위기 관리하기
* 진짜 공부하기
* 자신의 능력 안에서 용기 내기

쇼펜하우어가 들려주는 인생 수업

안타깝게도 사람들은 자신이 가지고 있는 것보다 다른 사람에게 보이는 것을 중요하게 생각해요. 하지만 나의 것이자 혼자 있을 때도 늘 나를 따라다니는 것, 누구에게 주거나 받을 수 없는 내 안의 것이야말로 다른 사람 눈에 보이는 것보다 훨씬 중요한 것이지요.

완벽한 건강과 행복한 조화에서 만들어지는 차분하고 밝은 성품, 맑음, 생기 넘침, 통찰력과 올바른 분별력, 조화롭고 부드러운 의지와 거기에 따르는 선한 양심 등은 사회적 지위나 부유함으로도 대신할 수 없는 장점들이에요.

고대 그리스의 철학자인 소크라테스가 외치고 다녔다던 "너 자신을 알라"라는 유명한 말, 알고 있지요?

나는 나 자신을 얼마나 잘 알고 있나요? 나 자신을 객관적으로 볼 수 있나요? 자신을 객관적으로 본다는 것은 내가 무엇을 잘하고 무엇을 못하는지, 내가 가진 것은 무엇이고 가지지 못한 것은 무엇인지 자세히 파악한다는 의미예요.

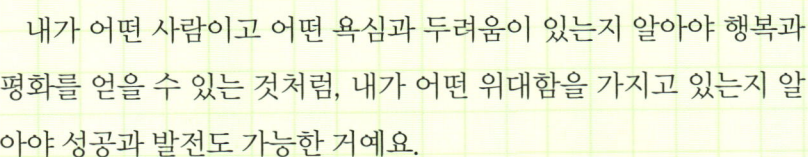

내가 어떤 사람이고 어떤 욕심과 두려움이 있는지 알아야 행복과 평화를 얻을 수 있는 것처럼, 내가 어떤 위대함을 가지고 있는지 알아야 성공과 발전도 가능한 거예요.

제 장점은 건강한 것 말고는 없는 것 같아요.

건강은 그 어떤 장점보다 중요한 위대함이에요. "건강한 거지가 병든 왕보다 행복하다."는 말은 옛사람들도 건강이 얼마나 중요한지 알고 있었다는 걸 보여 줘요. 또 한 가지라도 자신의 장점을 알고 있다는 건 자신을 객관적으로 보는 시각도 갖추었다는 거지요. 그렇다면 이제 해야 할 일은 어떤 위대함을 더 갖추기 위해 어떤 노력을 할 것인지 생각해 보는 거예요. 🙂

내 안의 위대함 찾기

우석이는 자기소개를 해 보자는 선생님의 제안에 몹시 당황했어요.

평소 자신에게 관심을 가져야 내가 어떤 사람인지 알 수 있어요. 내가 어떤 사람인지 잘 아는 사람의 말과 행동에서는 자신감이 느껴져요.

자기 자신을 돌아보고 객관적으로 살펴보려는 마음가짐이 내 안의 위대함을 더 단단하게 만들어요.

3장 발전과 성공을 부르는 여섯 가지 방법

자기 효능감을 키우자!

　심리학에서 말하는 '자기 효능감'은 '어떤 상황에서 적절한 행동을 할 수 있다는 기대와 신념'이라는 뜻이에요. 즉, 새로운 문제 혹은 까다로운 문제를 스스로 해결할 수 있다는 자신의 능력에 대한 낙관적인 믿음이지요.

　자기 효능감이 없는 사람은 실패에 대한 두려움이 커서 새로운 일을 시도하지 못하고 주저해요. 그리고 하기 쉬운 일만 하면서 새로운 일에 도전하지 못하지요.

　반면 자기 효능감이 있는 사람은 시험이나 어려운 문제를 피하지 않고 자신감을 가지고 부딪쳐요. 더 많은 일에 도전하면서 보람과 성취감을 얻지요.

쉬운 일부터 도전하기

처음부터 어려운 일에 도전하기보다 쉬운 일에 도전해 성공 경험을 먼저 쌓아 보세요. 이 경험을 통해 성취감을 느끼고, 점차 난도를 올리면서 더 많은 성공 경험을 쌓는 게 좋아요.

자책하지 않기

실수나 실패했을 때 지나치게 자신을 탓하거나 문제의 원인을 자신한테서만 찾지 마세요. 다음 도전을 위해서 '이번에는 운이 나빴어.', '오늘은 컨디션이 좋지 않았어.'라고 생각하면서 정신을 다듬는 것도 좋아요.

다른 사람에게 배우기

다른 사람의 성공을 보면서 간접 경험하는 것도 좋아요. 성공을 간접 경험함으로써 '나도 할 수 있다!'라는 생각을 하는 거예요.

쇼펜하우어가 들려주는 인생 수업

현대 사회는 너무 복잡하고 신경 쓸 일도 많지요. 과거의 사람들과 비교하면 활동 범위도 넓고, 관계 맺는 사람도 많아요. 그런데 문제는 이렇게 되면서 삶의 에너지가 분산되고, 우리의 두려움과 괴로움이 더 커졌다는 거예요.

내 삶의 행복과 성공을 위해서 점점 확장되는 삶의 범위와 관계를 정리하며 단순화시키는 게 좋아요. 내 삶에 '선택과 집중' 전략을 활용하는 것이지요.

선택과 집중은 경영 전략 학자 마이클 포터가 이론화시킨 개념으로 특정 분야를 선택하고 거기에 자원을 집중시키는 경영 전략을 말해요.

마이클 포터

내 삶의 행복과 성공을 위해 무엇을 선택하고, 나의 에너지를 어디에 집중할 것인지를 생각해 보세요. 열정이 넘치는 사람은 모든 것을 신경 쓰고 다 할 수 있다고 생각하지만, 현실적으로는 어려운 일이니까요. 무엇을 선택하고 무엇을 포기하는 것이 나의 발전과 성공에 도움이 될지를 고민해 보세요.

그러면 저는 앞으로 공부에 집중해야 하니 친구들과 친하게 지내는 걸 포기해야겠어요.

'선택과 집중'은 모순적이고 상충하는 목표가 공존하는 상황에서 사용하는 전략이에요. 예를 들면 두 시간이라는 시간 동안 공부와 게임을 동시에 할 수 없는 것처럼 말이에요. 공부하는 것과 친구들과 친하게 지내는 것 사이에 상충하는 목표가 존재하는지 잘 따져 보세요. 또 선택과 집중은 가볍게, 순간의 기분에 따라 결정하는 게 아니라, 충분한 고민과 고려가 필요한 과정이에요. 🙂

발전 성공 습관 ❷
선택과 집중

해민이는 긴 겨울 방학 동안 하고 싶은 일을 잔뜩 계획해 두었어요.

어떤 선택이 나에게 가장 큰 만족감을 줄 것인지를 스스로 정할 수 있어야 해요.

겨울 방학을 맞아 해민이 가족은
경주로 여행을 갔어요.

일단 선택을 했다면 그 일에 집중하는 게 좋아요. 선택하느라 포기한 일에 미련을 두면, 선택한 일에서도 긍정적인 효과를 얻을 수 없어요.

몰입에 빠져 보자!

내가 좋아하고 즐거운 일을 할 때 너무 집중한 나머지 시간이 순식간에 지나간 것처럼 느껴지는 경험을 해 본 적이 있을 거예요. 무언가에 완전히 몰입했을 때 느껴지는 현상인데, 긍정 심리학자 칙센트미하이는 이런 심리 상태를 '플로우', 우리말로 표현하면 '몰입'이라고 표현했어요.

몰입의 상태에서는 외부의 방해나 불안감이 느껴지지 않고, 몰두하는 그 일에만 집중하며 즐거움을 느낄 수 있어요. 그래서 더 발전하고 한계를 뛰어넘을 수 있게 되지요.

다음 조건을 갖추면 몰입에 빠지는 상태를 만들 수 있어요.

구체적인 목표 설정하기

목표는 구체적으로 세우는 게 좋아요. 목표가 구체적일수록 집중력이 높아지고 몰입을 경험할 가능성이 커져요. 또 목표가 구체적이면 얼마나 목표를 달성했는지 확인할 수 있기 때문에 이후에 어떻게 해야 할지 바로 정할 수 있어요.

내적 만족감 우선시하기

외적 보상이 아니라 내적 만족감을 위해 몰두해야 몰입이 더 쉽고 성취감도 더 커요. 나 자신이 만족을 느끼는 즐거운 일에 집중해 보세요.

집중할 수 있는 환경 만들기

주변을 정돈해 집중할 수 있는 환경을 만들고, 외부의 방해를 줄이면 더 쉽게 몰입을 경험할 수 있어요.

능력에 맞는 도전 과제 찾기

도전하려는 일이 너무 쉬우면 지루함을 느끼고, 너무 어려우면 불안감이 생길 수 있어요. 자신의 능력에 맞는 도전을 해야 몰입하기 쉬워요.

쇼펜하우어가 들려주는 인생 수업

다른 사람에게는 정직하면서 자기 자신에게는 정직하지 않은 사람이 있어요. 그러나 성공하는 사람들은 자신에게 정직한 사람들이랍니다. 보는 사람이 아무도 없어도 자신의 일을 성실하게 하는 사람들이지요.

대부분의 사람들은 여러 가지 이유와 핑계를 대면서 자신과의 약속을 깨뜨리고, 자신이 하겠다고 결심한 일을 하지 않아요.

자기 자신에게 정직해 보세요. 자신의 일을 가볍게 여기지 마세요.

영국의 극작가였던 윌리엄 셰익스피어는 《햄릿》이라는 작품에 "무엇보다 너 자신에게 정직하라. 그러면 마치 밤이 낮을 뒤따르는 것처럼 너는 다른 누구에게도 거짓될 수 없다."라고 썼어요. 자신에게 정직한 사람은 다른 사람에게도 정직할 수밖에 없어요.

윌리엄 셰익스피어

내가 스스로 정한 규칙을 정직하게 지키다 보면, 나는 나 자신을 새롭게 보게 될 거예요. 나에 대한 확신이 나의 자존감을 더 강하게 만들고, 그런 나를 더 자랑스러워하게 될 거예요.

나와의 약속을 잘 지키지 않는 제가 너무 한심해요.

나와의 약속을 잘 지키지 않는 자신을 발견하면 나에 대한 기대감이 줄고 점차 자신감이나 성취감도 줄어들어요.
그럴 때는 우선 성공률은 높이고, 실패율을 줄이는 전략을 세워 보면 어떨까요? 내가 지키기 어려운 약속보다 내가 지키기 쉬운, 부담이 되지 않는 약속으로 수정하는 거예요. 내가 현실적으로 지킬 수 있는 약속을 실행하면서 자신감부터 키우면 좋겠어요. 🙂

발전 성공 습관 ❸
자신에게 정직하기

음악 시간에 다 함께 합창 연습을 하고 있었어요. 재희는 노래 부르기가 귀찮아서 슬쩍 주변을 둘러봤어요.

NO →
- 나 하나쯤 노래를 안 불러도 아무도 모를 거야.
- 하는 척만 해야겠다. 뻐끔 뻐끔

OK →
- 다 함께 노력하고 있으니 나도 열심히 연습해야지.
- 노래 부르니까 기분이 좋아졌어.

자신에게 떳떳하지 않은 행동을 하는 사람을 다른 사람들이 신뢰할 수 있을까요?

재희는 매일 한 시간씩 책 읽는 시간을 가지겠다는 계획을 세웠어요.

나와의 약속을 소홀히 하지 않는 사람은 어떤 일이든 성공할 수밖에 없어요.

자기 평가를 해 보자!

개선이 필요한 부분

1. 내가 싫어하는 것은 무엇인가요?

2. 내가 노력해도 잘 안 되는 부분은 무엇인가요?

3. 내가 부족하다고 느끼는 부분은 무엇인가요?

    자기 자신에게 정직해지려면 자신을 누구보다 잘 알고 있어야 해요. 친구에게 조언을 한다고 생각하고 나 자신을 평가하면서 나에 대해 적어 보세요.

    글쓰기, 메모하기, 그림 그리기, 만화 그리기 등 자신이 좋아하는 방법으로 자유롭게 표현해 보세요. 대신 누구의 눈치도 보지 않으면서 자세하고 솔직하게 기록하려고 노력해 보세요.

나의 강점

1. 내가 잘하는 것은 무엇인가요?

2. 내가 열정을 가지고 할 수 있는 것은 무엇인가요?

3. 내가 자부심을 느끼는 것은 무엇인가요?

내가 적은 목록을 살펴보고, 정말 중요하다고 생각하는 부분을 표시해 보세요. 표시한 부분을 강화하거나 개선하기 위해 어떤 실천이 필요한지 생각해 보세요.

실천 계획 세우기

쇼펜하우어가 들려주는 인생 수업

위기가 찾아올 때마다 동요하면서 실망하거나 낙담한다면 평정심을 유지하기 힘들어요. '평정심'은 '감정 기복이 없이 고요하고 평온한 상태'를 말해요. 이 평정심을 유지할 수 있어야 고통이 없고 행복할 수 있어요. 발전과 성공을 위해서도 꼭 필요한 마음 상태이지요.

평정심을 유지하면서 위기를 극복할 수 있는 가장 좋은 방법은 성공과 실패 하나하나에 기뻐하거나 슬퍼하지 않는 거예요. 한 번 성공했다고 기쁨에 빠져 거만해지거나 한 번 실패했다고 낙담해서 헤어 나오지 못하는 것은 어리석은 일이에요. 현재에 집중하면서 평소 내가 하던 일을 성실히 해내며 위기를 벗어나야 해요.

또 계속 실패하는 위기 상황이라면, 부정적인 생각과 감정에 휩쓸리지 말고 빨리 벗어나려고 노력해야 해요.

프랑스의 황제이자 뛰어난 장군이었던 나폴레옹도 중요한 전투에서 세 번 중 한 번은 패했다고 해요.

나폴레옹

누구나 몇 번이든 실패할 수 있어요. 만약 열에 하나라도 성공한다면 기뻐하면서 스스로 격려해야 해요. 그래야 더 행복한 사람이 될 수 있어요.

평정심을 유지하려다 감정이 없는 로봇처럼 되지 않을까요?

평정심을 유지해야 한다는 말은 감정의 기복을 없애야 한다는 뜻이 아니에요. 감정의 기복이 없는 상태가 된다면 사람이 아니라 AI 로봇처럼 보일 거예요.

평정심을 유지해야 한다는 것은 오르락내리락하면서 흔들리는 마음을 다시 평온한 상태로 만들려고 노력해야 한다는 뜻이지요. 괴로운 마음을 스스로 잘 정리하고 괴롭지 않은 상태로 회복해 마음의 안정을 찾는 거예요. 😊

발전 성공 습관 ④
위기 관리하기

해영이는 지난번 진단 평가를 잘 봤기 때문에 이번 진단 평가 점수도 기대가 되었어요.

NO →
"난 똑똑해서 공부 안 해도 시험 정도야 잘 본다고."
→ "헙! 내가 너무 자만했나…….'

OK →
"지난번에 잘 봤으니까 이번에도 잘 보고 싶어."
→ "노력한 만큼 결과가 좋아서 기뻐."

　자만하는 태도는 위기 상황을 가져올 수 있지만, 우리는 그 위기를 배우고 성장하는 기회로 삼을 수 있어요.

해영이는 축구를 좋아하지만 자신의 팀이 약해서 불만이 많아요.

위기 상황에서도 자신이 할 수 있는 일에 집중하면 위기를 빨리 극복할 수 있어요. 이런 모습은 주변 사람에게도 긍정적인 영향을 미쳐요.

부정적 사고 패턴을 깨자!

위기관리가 잘 안 되는 이유 중 하나는 부정적인 생각이 굳어져서 잘 바뀌지 않기 때문이에요.

부정적인 생각은 나를 더 힘들게 만들고 상황을 악화시킬 뿐이에요. 이럴 때는 부정적인 사고 패턴을 깨야 해요.

부정적인 생각에서 벗어나기 어렵고 위기관리가 잘 안 된다는 생각이 든다면 다음 질문을 하나씩 내게 던져 보세요.

스스로에게 물어보기

내가 하는 부정적인 생각이 나에게 어떤 감정을 불러일으키고 어떤 영향을 미치고 있는지 질문해 보세요.

해결책 찾기

위기 상황에서 단순히 절망하고 화를 내기보다는 해결책을 찾는 쪽으로 생각을 바꾸는 게 중요해요.

 쇼펜하우어가 들려주는 인생 수업

로마 제국 시대의 정치인이자 사상가였던 세네카는 "지적인 일을 하지 않는 여유는 죽음이자 생매장을 당한 상태일 뿐이다."라고 말했어요. 세네카가 말한 지적인 일은 지식이나 지성을 쌓을 수 있는 일이에요.

루키우스 안나이우스 세네카

세네카의 말처럼 지적인 일을 하지 않으면 우리 생활은 단조로움에 빠져서 게으름이나 싫증을 느끼게 돼요.

또 지적인 생활은 나쁜 무리와 어울리면서 발생하는 수많은 위험과 불행, 손실과 낭비로부터 나를 지켜 주는 벽이 되어 주지요. 책을 읽고, 지식을 쌓는 일이 지금 당장 무엇을 만들어 주지는 않지만, 나를 보호하는 데에는 큰 도움이 돼요.

하지만 뽐내기 위한 지식만 얻으려고 하는 공부, 돈이 되는 것만 배우려는 공부는 도움이 안 돼요. 예를 들어 학생이 잘난 척을 하려고 하는 공부는 진짜 공부가 아니에요. 내면을 풍요롭게 하기 위해, 지식을 완전히 자신의 것으로 만들어 자신의 의지대로 활용할 수 있어야 진짜 공부라고 할 수 있지요.

저는 책을 엄청 많이 읽으니까 괜찮겠죠?

책을 읽기만 하고 스스로 생각하지 않으면 생각의 폭은 점점 좁아질 거예요.
독서를 한다면서 글을 쓴 사람의 생각을 그대로 받아들이고 글쓴이의 생각에 끌려다니면 스스로 생각하는 힘을 기를 수 없어요.
책을 읽으면서 깊이 생각해 보고, 자신의 눈으로 다시 보려고 하는 노력이 필요해요. 지금 읽고 있는 이 책도 비판적으로 보면서 따지고 생각해 보세요. 🙂

발전 성공 습관 ❺
진짜 공부하기

선생님이 유주에게 단어의 뜻을 설명해 보라고 하셨어요.

NO →
- 그러니까…….
- 어? 분명히 아는데…….

OK →
- 안다고 생각했는데…….
- 제가 잘 모르고 있었네요. 알려 주세요.

지식을 완전히 자신의 것으로 만들지 못했다면 진짜 공부를 했다고 말할 수 없어요.

유주는 방학 동안 인터넷 강의를 들으며 영어를 공부하고 있어요.

수업을 두 시간이나 들었어.

이제부터 놀아야지.

두 시간 동안 수업을 들었으니까…….

이제부터 혼자 정리하고 외워야겠다.

수업을 들었다고 해서 모두 내 지식이 되고, 모두 내 공부가 되는 것은 아니에요. 자신의 것으로 만드는 진짜 공부 시간도 필요해요.

산책으로 집중력을 높이자!

역사에 이름이 남은 칸트, 루소, 베토벤, 쇼펜하우어의 공통점은 바로 산책을 즐겼다는 거예요. 산책을 하면서 생각을 정리하고, 몸과 마음의 건강도 지켰지요.

숙제나 공부를 하다 보면 어느 순간 집중력이 떨어져 집중하려고 해도 잘되지 않을 때가 있어요. 이럴 때 제자리를 지키며 힘들어도 참고 억지로 집중하려고 할 게 아니라, 주의를 환기시켜 집중력을 높인 후 다시 몰입하는 게 더 효율적이에요.

음악을 듣거나 호흡을 가다듬으면서 명상을 하는 등 집중력을 높일 수 있는 다양한 방법이 있는데, 가장 효과적인 방법은 가벼운 산책을 하는 거예요.

　산책은 복잡한 도시보다 숲, 강, 바다 등 자연과 가까운 공간에서 하는 게 좋아요. 그래야 시끄러운 소리도 없고, 좀 더 여유를 느끼며 정신을 안정시키고 집중력을 높일 수 있거든요.
　자연에서 산책을 할 경우 스트레스를 받으면 분비되는 호르몬인 '코르티솔'의 분비를 줄인다는 연구 결과도 있어요.
　산책은 건강을 유지하는 데에도 도움이 돼요. 햇볕을 쬐고 신선한 공기를 마시며 신체를 움직이는 활동이기 때문이지요.

쇼펜하우어가 들려주는 인생 수업

용기와 자기 자신에 대한 정확한 이해, 이 두 가지를 모두 갖추고 있다면 완벽한 사람이라고 할 수 있지 않을까요?

인생을 살다 보면 다른 사람과 경쟁하고 싸워 쟁취해야 하는 상황에 놓일 수밖에 없어요. 이럴 때 움츠러들고 도망치면 앞으로 나아갈 수 없어요. 세상의 힘든 일을 피하지 않고 맞설 수 있는 강철 같은 마음, 용기가 필요한 것이지요. 하지만 이런 용기도 지나침을 조심해야 해요. 용기가 지나치면 무모함이 될 뿐이거든요.

그래서 또 하나 갖추어야 할 것이 자신의 한계와 가능성을 정확하게 아는 거예요. 깊이 생각해 본 뒤에 내가 할 수 있는 일이고, 만족스러운 결과를 가져올 가능성이 있다면 망설이지 말고 계획을 실행해야 해요. 두려움이 크고 너무 조심스러워서 시작도 못 하는 건 현명하다고 할 수 없지요.

그리고 일단 선택을 했다면 충분히 잘했다는 확신을 갖고 마음의 안정을 가져야 해요. 또 언제나 변수는 존재하고 내 의도대로만 흘러가지 않는다는 사실도 인정할 줄 알아야 하지요.

아리스토텔레스

고대 그리스의 철학자 아리스토텔레스도 이렇게 말했어요. "용기란 그 무엇보다도 자기 자신을 믿는 것이다."라고요.

저는 너무 소심한 것 같아요. 실패할까 봐 용기 있게 선택하지 못하겠어요.

어느 정도의 두려움과 소심함은 우리가 안전하게 살아가기 위해 필요해요. 하지만 실패할까 봐 걱정돼서 아무것도 하지 않는다면, 실패는 하지 않겠지만 성공도 하지 못해요. 선택 앞에서 실패하는 것을 너무 걱정하지 마세요. 충분히 고민하고 최선의 선택을 한 것이라면 실패해도 후회하거나 걱정할 필요가 없어요. 🙂

발전 성공 습관 ❻
자신의 능력 안에서 용기 내기

선생님이 달리기를 잘하는 성현이에게
육상 대회에 나가면 어떻겠냐고 권유하셨어요.

힘든 일에 도전할 수 있는 용기를 갖추는 건 어려운 일이에요. 하지만 용기를 내면 우리의 성장과 발전에 분명 도움이 된답니다.

성현이가 용기를 내서 육상 대회에 출전하게 되었어요.

NO →

"어휴, 순위에 못 들다니."
"괜히 한다고 했나 봐."

"치, 쓸데없이 시간 낭비만 했어."

OK →

"흠, 내가 순위에 못 든 이유는……."

"좋은 경험이었어!"

충분히 고민하고 어렵게 용기를 냈더라도 항상 좋은 결과가 보장되어 있는 건 아니에요. 그럴 때에도 긍정적으로 상황을 보려는 태도가 필요해요.

메타 인지를 키우자!

　내가 할 수 있는 일과 할 수 없는 일을 분별할 수 있는 현명함, 과감하게 도전하거나 멈출 수 있는 용기. 현명함과 용기를 발휘하기 전에 어떤 문제를 인식하고 스스로 조정하는 과정을 '메타 인지(상위 인지)'라고 해요.

　메타 인지는 자신의 인지 과정을 한 차원 높은 시각에서 관찰하고, 발견하고, 통제하고, 판단하는 정신 작용이에요. 내가 아는 것과 모르는 것, 할 수 있는 것과 할 수 없는 것을 정확하게 구별하는 고차원의 생각하는 기술인 셈이지요.

메타 인지와 학습

공부나 운동에서 두각을 나타내는 사람들은 대부분 메타 인지 능력이 뛰어나요. 공부할 때 아는 것처럼 느껴지는 것과 정말 알고 있는 것을 구분하고, 모르는 것이 있다면 모른다는 사실을 인정해야 해요.

메타 인지와 정서

메타 인지는 회복 탄력성, 자존감과도 관련이 있어요. 메타 인지를 활용하면 자신의 감정을 정확하게 관찰하고 인식할 수 있기 때문이에요. 만약 기분이 좋지 않다면 왜 기분이 좋지 않은지 그 원인을 정확하게 파악해야 해요. 그리고 어떻게 문제를 해결할 것인지 계획을 세우면 돼요.

메타 인지와 시간 관리

메타 인지가 높은 사람은 시간 관리도 잘해요. 만약 시간이 부족하다고 느낀다면 내가 어디에, 어떻게 시간을 쓰는지 돌아봐야 해요. 그리고 계획을 다시 세우거나 수정하면 돼요.

시대를 초월한 《데일 카네기의 인간관계론》 어린이책

김지연 글 | 유영근 그림

화를 내는 건 나쁜 일인가요?

저는 친구보다 제 자신이 더 중요해요.

말싸움을 거는 친구는 어떻게 대해야 할까요?

관계가 매일 새롭고 어려운 어린이들을 위해 데일 카네기가 알려 주는 공감 100% 실천 가이드!

01. 관계를 위한 세 가지 기본 원칙
02. 호감 가는 사람이 되는 여섯 가지 방법
03. 싸우지 않고 설득하는 여덟 가지 방법

베스트셀러
《데일 카네기의 자기 관리론》
어린이책

 숙제를 하기 싫어서 자꾸 미루게 돼요.

 오늘 해야 할 일을 계획했는데, 다 못 했다면 어떻게 해야 할까요?

 걱정되는 일을 엄마에게 이야기하고 싶은데 혼날까 봐 무서워요.

김지연 글 | 유영근 그림

자기 주도 능력과 회복 탄력성을 갖게 하는 자기 관리에 대한 모든 것! 데일 카네기가 알려 주는 공감 100% 실천 가이드!

01. 자기 관리를 위한 세 가지 기본 기술
02. 걱정하는 습관을 없애는 여섯 가지 방법
03. 평화와 행복을 부르는 일곱 가지 방법